Impressum
Verlag: BABADADA GmbH, Nedderfeld 112 , 22529 Hamburg
Geschäftsführer / Verlagsleitung: Harald Hof
Druck: Books on Demand GmbH, In de Tarpen 42, 22848 Norderstedt

Imprint
Publisher: BABADADA GmbH, Nedderfeld 112 , 22529 Hamburg, Germany
Managing Director / Publishing direction: Harald Hof
Print: Books on Demand GmbH, In de Tarpen 42, 22848 Norderstedt, Germany

学校

مدرسه

教室
کلاس درس
割り算
تقسیم کردن
186/2
黒板
تخته
教師
معلم
紙
کاغذ
書く
نوشتن
ペン
خودکار
事務机
میز تحریر
定規
خط کش
本
کتاب
生徒
دانش آموز

ランドセル

کیف مدرسه

筆入れ

جامدادی

鉛筆

مداد

鉛筆削り

تراش

消しゴム

پاک کن

スケッチブック

دفتر رسم

スケッチ

طراحی

絵筆

قلم مو

絵の具箱

جعبه ی آبرنگ

はさみ

قیچی

接着剤

چسب

練習帳

کتاب تمرین

宿題

تکلیف خانه

数

رقم

足し算

جمع کردن

引き算

تفریق کردن

かけ算

ضرب کردن

計算する

محاسبه کردن

文字

حرف الفبا

アルファベット

الفبا

単語

کلمه

テキスト

متن

読む

خواندن

チョーク

گچ

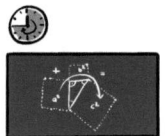

授業

درس

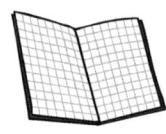

学級日誌

ثبت نام

試験

امتحان

通知表

مدرک رسمی

制服

لباس مدرسه

教育

تحصیلات

百科事典

دانشنامه

大学

دانشگاه

顕微鏡

میکروسکوپ

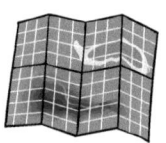

地図

نقشه

ごみ箱

سبد کاغذ باطله

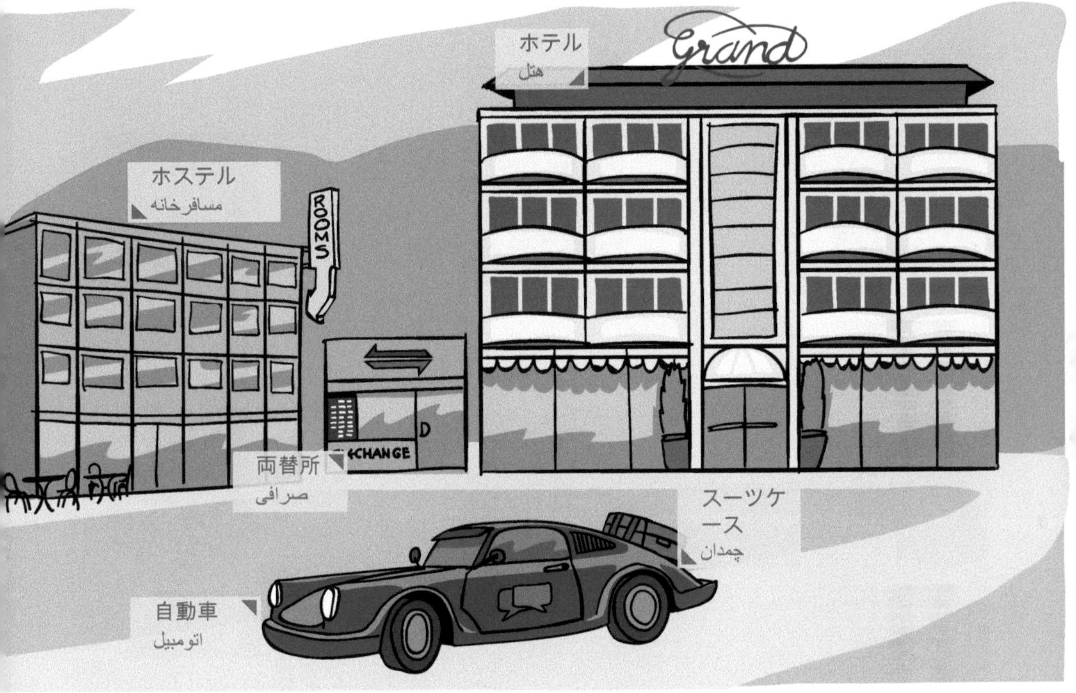

ホテル
هتل
Grand
ホステル
مسافرخانه
ROOMS
両替所
صرافی
EXCHANGE
スーツケース
چمدان
自動車
اتومبیل

言語

زبان

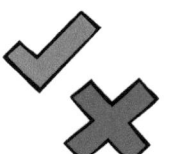

はい / いいえ

بله / خیر

問題ない

أکی

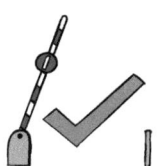

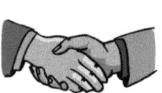

ハロー

سلام

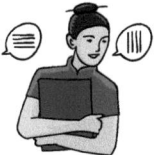

翻訳者

مترجم

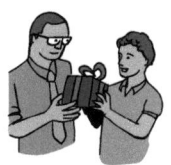

ありがとう

ممنون

...はいくらですか？

قیمت ... چه قدر است؟

わかりません

من متوجه نمی شوم

問題

مشکل

こんばんは！

عصر بخیر! / شب بخیر!

おはようございます！

صبح بخیر!

おやすみなさい！

شب بخیر!

さようなら

خدانگهدار

方向

جهت

手荷物

بار سفر

バッグ

کیف

リュックサック

کوله پشتی

お客様

مهمان

部屋

اتاق

寝袋

کیسه خواب

テント

خیمه

旅行者情報

مرکز راهنمای گردشگران

ビーチ

ساحل

クレジットカード

کارت اعتباری

朝食

صبحانه

昼食

نهار

夕食

شام

チケット

بلیط

エレベーター

آسانسور

スタンプ

مهر

境界

مرز

税関

گمرک

大使館

سفارتخانه

ビザ

ویزا

パスポート

گذرنامه

輸送

حمل و نقل

船
کشتی
飛行機
هواپیما
消防車
ماشین آتش نشانی
トラック
کامیون
バス
اتوبوس
モーターボート
قایق موتوری
自転車
دوچرخه
自動車
اتومبیل

フェリー

کشتی مسافربری

ボート

قایق

バイク

موتورسیکلت

パトカー

ماشین پلیس

レーシングカー

ماشین مسابقه

レンタカー

ماشین کرایه ای

カーシェアリング

به اشتراک گذاری اتوموبیل

レッカー車

جرثقیل

ごみ収集車

ماشین حمل زباله

モーター

موتور

燃料

بنزین

ガソリンスタンド

پمپ بنزین

交通標識

تابلو راهنمایی و رانندگی

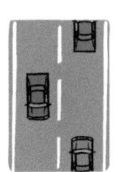

交通

عبور و مرور

渋滞

ترافیک

駐車場

پارکینگ

駅

ایستگاه قطار

道

ریل راه آهن

列車

قطار

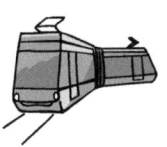

路面電車

قطار برقی

車両

واگن

ヘリコプター

هلیکوپتر

空港

فرودگاه

タワー

برج

乗客

مسافر

コンテナ

کانتینر

段ボール箱

کارتن

カート

گاری

カゴ

سبد

離陸 / 着陸

به پرواز درآمدن / فرود آمدن

都市

شهر

村

دهکده

都心

مرکز شهر

家

خانه

映画館 / سینما

宣伝 / تبلیغ

街灯 / چراغ خیابان

通り / خیابان

タクシー / تاکسی

キオスク / دکه

歩行者 / عابر پیاده

舗道 / پیاده رو

交差点 / چهارراه

横断歩道 / خط کشی عابر پیاده

ゴミ箱 / سطل آشغال بزرگ

信号 / چراغ راهنما

CINEMA

小屋
كلبه

アパート
آپارتمان

駅
ایستگاه قطار

市役所
ساختمان شهرداری

美術館
موزه

学校
مدرسه

MUSEUM

都市 - شهر

大学

دانشگاه

銀行

بانک

病院

بیمارستان

ホテル

هتل

薬局

داروخانه

オフィス

اداره

書店

کتابفروشی

ショップ

مغازه

花屋

گل فروشی

スーパーマーケット

سوپرمارکت

市場

بازار

デパート

فروشگاه بزرگ

魚屋

ماهی فروش

ショッピングセンター

مرکز خرید

港

بندر

都市 - شهر

公園

پارک

ベンチ

نیمکت

橋

پل

階段

پله

地下鉄

مترو

トンネル

تونل

バス停

ایستگاه اتوبوس

バー

میخانه

レストラン

رستوران

ポスト

صندوق پست

道路標識

تابلوی خیابان

パーキングメーター

دستگاه پارکومتر

動物園

باغ وحش

スイミングプール

استخر شنای عمومی

モスク

مسجد

都市 - شهر　　　　13

農場

مزرعه

汚染

آلودگی محیط زیست

墓地

قبرستان

教会

کلیسا

遊び場

زمین بازی

寺

معبد

風景

چشم انداز

葉
برگ

道標
تابلوی راهنمای مسیر

道
راه

草地
چمنزار

石
سنگ

木
درخت

ハイカー
راه نورد

川
رودخانه

草
چمن

花
گل

谷

دره

山

تپه

湖

دریاچه

森

جنگل

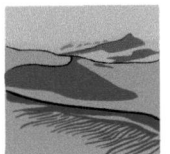

砂漠

بیابان

火山

کوه آتشفشان

城

قلعه

虹

رنگین کمان

キノコ

قارچ

ヤシの木

درخت نخل

蚊

پشه

ハエ

مگس

蟻

مورچه

ミツバチ

زنبور

クモ

عنکبوت

カブトムシ

سوسک

蛙

قورباغه

リス

سنجاب

ハリネズミ

جوجه تیغی

ウサギ

خرگوش صحرایی

フクロウ

جغد

鳥

پرنده

白鳥

قو

雄豚

گراز

鹿

گوزن نر

ヘラジカ

گوزن شمالی

ダム

سد آب

風力タービン

توربین بادی

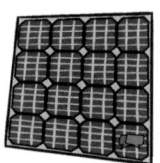

ソーラーパネル

صفحه ی خورشیدی

気候

آب و هوا

レストラン

رستوران

メニュー
منوی غذا
椅子
صندلی
スープ
سوپ
ピザ
پیتزا
刃物類
سرویس کارد و قاشق و چنگال
テーブルクロス
رومیزی

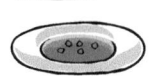

前菜

پیش‌غذا

メインコース

غذای اصلی

デザート

دسر

飲み物

نوشیدنی ها

食べ物

غذا

ボトル

بطری

ファストフード

فست فود

屋台の食べ物

اغذیه خیابانی

ティーポット

قوری

砂糖入れ

قندان

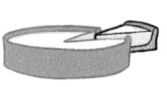

一人前

پُرس غذا

エスプレッソマシン

دستگاه اسپرسو

幼児用食事椅子

صندلی پایه بلند غذاخوری بچه

請求書

صورتحساب

トレー

سینی

ナイフ

چاقو

フォーク

چنگال

スプーン

قاشق

ティースプーン

قاشق چایخوری

ナプキン

دستمال سفره

グラス

لیوان

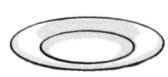

皿
....
بشقاب

スープ皿
....
بشقاب سوپخوری

受け皿
....
نعلبکی

ソース
....
سس

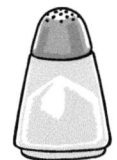

塩入れ
....
نمکدان

ペッパーミル
....
فلفل ساب

酢
....
سرکه

油
....
روغن خوراکی

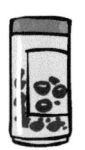

スパイス
....
ادویه جات

ケチャップ
....
سس کچاپ

マスタード
....
سس خردل

マヨネーズ
....
سس مایونز

スーパーマーケット

سوپرمارکت

特価品
پیشنهاد ویژه
FOR
顧客
مشتری
乳製品
لبنیات
果物
میوه جات
ショッピング· カート
چرخ دستی خرید

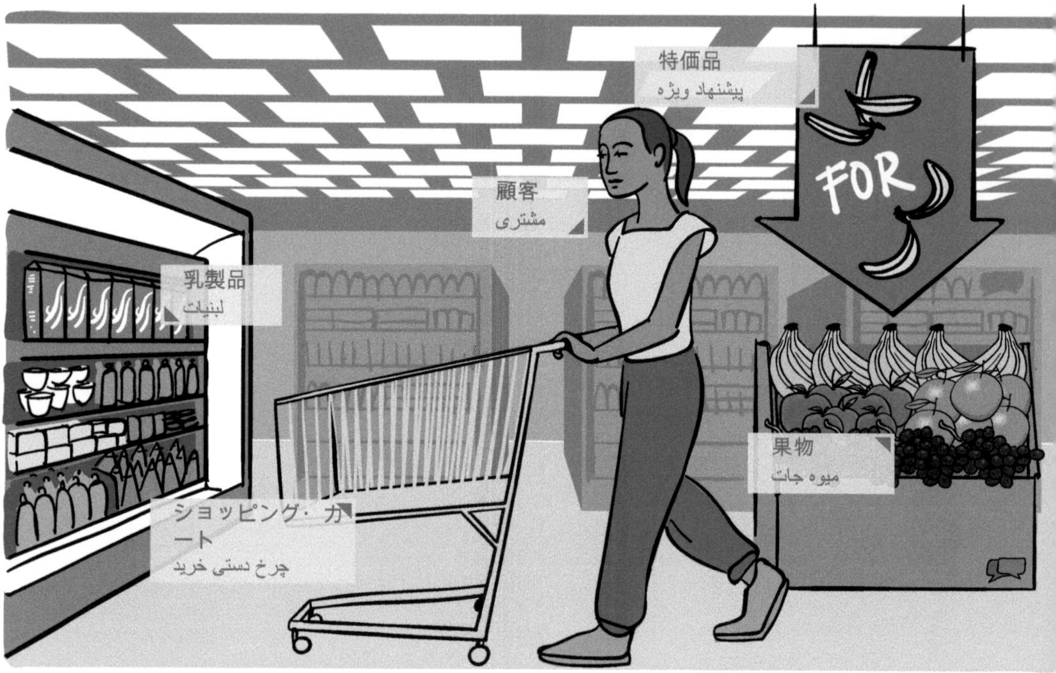

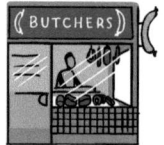

BUTCHERS

肉屋

قصابی

BAKERY

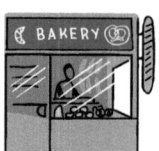

パン屋

نانوایی

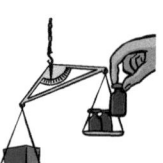

重さをはかる

وزن کردن

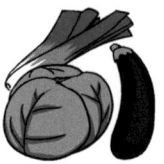

野菜

سبزیجات

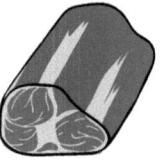

肉

گوشت

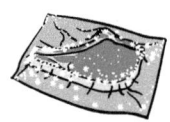

冷凍食品

غذای منجمد

冷肉の薄切り

مخلوطی از انواع کالباس یا پنیر که
ورقه ای بریده شده باشند

缶詰食品

غذای کنسروی

洗剤

پودر لباسشویی

菓子

شیرینی جات

家庭用品

لوازم خانگی

清掃用品

ماده شوینده و پاک کننده

販売員

فروشنده

現金箱

صندوق پرداخت

レジ係

صندوقدار

買い物リスト

لیست خرید

開館時刻

ساعات کار

財布

کیف پول

クレジットカード

کارت اعتباری

バッグ

کیف

ポリ袋

کیسه ی پلاستیکی

飲み物

نوشیدنی ها

水

آب

ジュース

آبمیوه

牛乳

شیر

コーラ

نوشابه کوکاکولا

ワイン

شراب

ビール

آبجو

アルコール

الکل

ココア

کاکائو

紅茶

چای

コーヒー

قهوه

エスプレッソ

قهوه اسپرسو

カプチーノ

کاپوچینو

バナナ

موز

リンゴ

سیب

オレンジ

پرتقال

メロン

انواع هندوانه و خربزه

レモン

لیمو

ニンジン

هویج

ニンニク

سیر

竹

نی بامبو

玉ねぎ

پیاز

キノコ

قارچ

ナッツ

آجیل

ヌードル

ماکارونی

スパゲッティ

اسپاگتی

米

برنج

サラダ

سالاد

フライドポテト

سیب زمینی سرخ کرده

フライドポテト

سیب زمینی سرخ شده

ピザ

پیتزا

ハンバーガー

همبرگر

サンドウィッチ

ساندویچ

カツレツ

شنیتسل

ハム

ژامبون خوک

サラミ

سالامی

ソーセージ

سوسیس

鶏肉

مرغ

焼き

نوعی گوشت سرخ شده

魚

ماهی

麦のお粥

جوی پرک شده

ムーズリ

نوعی صبحانه مخلوطی از برگه ذرت و
میوه های خشک شده و خشکبار که
معمولا با شیر خورده می شود

コーンフレーク

کورن‌فلکس

小麦粉

آرد

クロワッサン

کرواسان

ロールパン

نان بروتشن

パン

نان

トースト

نان تست

ビスケット

بیسکویت

バター

گره

カッテージチーズ

کشک

ケーキ

کیک

卵

تخم مرغ

目玉焼き

تخم مرغ نیمرو

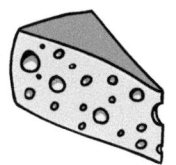

チーズ

پنیر

食べ物 - غذا

25

アイスクリーム

بستنی

砂糖

شکر

はちみつ

عسل

ジャム

مربا

ヌガークリーム

کرم شکلاتی بادامی

カレー

ادویه کاری

農場
مزرعه

خانه ی مزرعه داران
納屋
انبار غله
ストローベール
خرمن گاه
畑
مزرعه
馬
اسب
トレーラー
ماشین یدک کش
子馬
کره اسب
トラクター
تراکتور
ロバ
خر
羊
گوسفند
子羊
بره

ヤギ

بز

雌牛

گاو ماده

子牛

گوساله

豚

خوک

子豚

بچه خوک

雄牛

گاو نر

ガチョウ

غاز

アヒル

اردک

ひよこ

جوجه

にわとり

مرغ

おんどり

خروس

ネズミ

موش صحرایی

猫

گربه

ねずみ

موش

雄牛

گاو نر اخته

犬

سگ

犬小屋

لانه ی سگ

散水ホース

شلنگ باغبانی

じょうろ

آبپاش

大鎌

داس دسته بلند

すき

گاوآهن

草刈り鎌

داس

くわ

کج بیل

堆肥用フォーク

چنگک باغبانی

斧

تبر

手押し車

فرقون

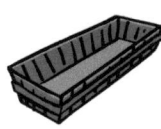

かいばおけ

آبشخور

牛乳缶

بطری نگهداری شیر

袋

کیسه

フェンス

حصار

畜舎

اصطبل

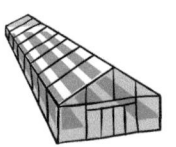

温室

گلخانه

土壌

خاک

種

بذر

肥料

کود

コンバイン

ماشین کمباین

収穫する

برداشت کردن محصول

収穫

محصول

ヤマイモ

تمیس

小麦

گندم

大豆

سویا

じゃがいも

سیب زمینی

トウモロコシ

ذرت

菜種

کلزا

果樹

درخت میوه

キャッサバ

گیاه مانیوک

穀物

غلات

家
خانه

煙突
دودکش
屋根
پشت بام
排水管
ناودان
窓
پنجره
呼び鈴
زنگ در
車庫
گاراژ
ドア
در
ゴミ箱
سطل آشغال
郵便受け
صندوق مراسلات
庭
باغ

リビングルーム

اتاق نشیمن

浴室

حمام

台所

آشپزخانه

寝室

اتاق خواب

子供部屋

اتاق بچه

ダイニング・ルーム

ناهارخوری

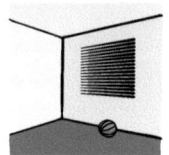

床

كف زمين

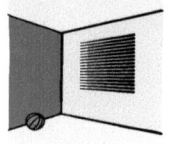

壁

ديوار

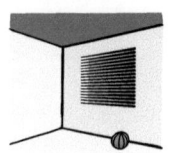

天井

سقف

地下貯蔵庫

زيرزمين

サウナ

سونا

バルコニー

بالكن

テラス

تراس

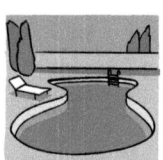

プール

استخر

芝刈り機

ماشين چمنزنى

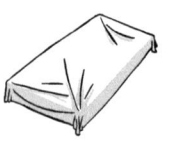

シーツ

ملافه

ベッドカバー

روتختى

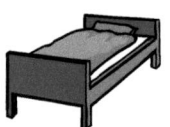

ベッド

تخت خواب

ほうき

جارو

バケツ

سطل

スイッチ

سويچ يا كليد

リビングルーム

اتاق نشیمن

壁紙
کاغذ دیواری
絵
عکس
ランプ
لامپ
棚
قفسه
食器棚
کابینت
テレビ
تلویزیون
暖炉
شومینه
花
گل
クッション
کوسن
ソファ
کاناپه
花瓶
گلدان
リモコン
کنترل تلویزیون و ویدئو و غیره

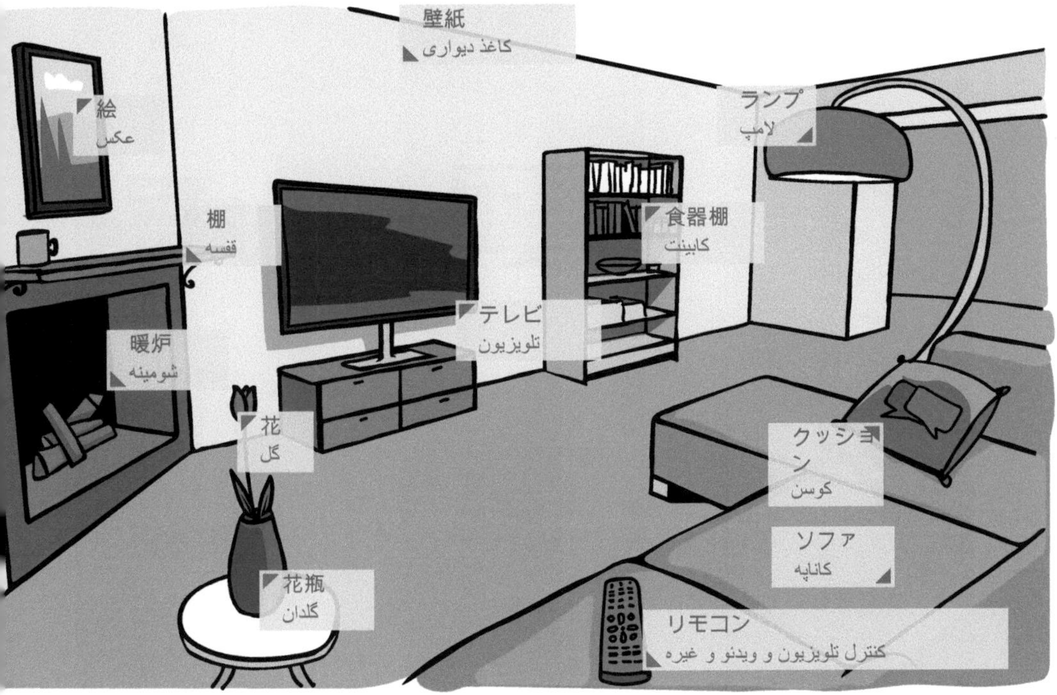

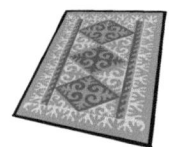

カーペット

فرش

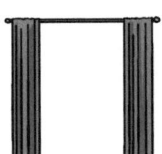

カーテン

پرده

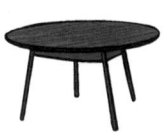

テーブル

میز

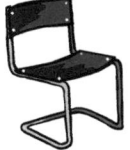

椅子

صندلی

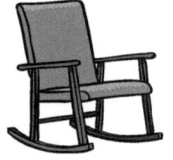

ロッキングチェア

صندلی گهواره ایی

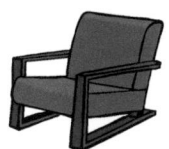

ひじ掛け椅子

صندلی راحتی

本
كتاب

毛布
لحاف

飾り
دكوراسيون

たきぎ
هيزم

映画
فيلم

ステレオ
دستگاه ضبط صوت

鍵
كليد

新聞
روزنامه

絵画
تابلو نقاشى

ポスター
پوستر

ラジオ
راديو

メモ帳
دفترچه يادداشت

掃除機
جاروبرقى

サボテン
كاكتوس

ろうそく
شمع

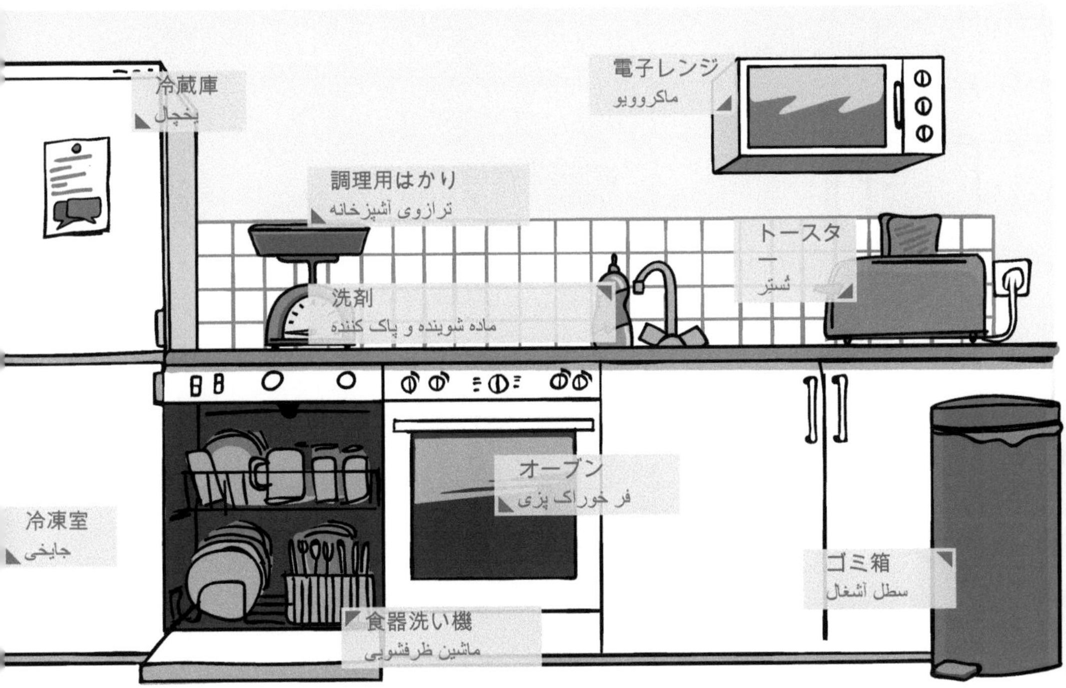

冷蔵庫
یخچال

電子レンジ
ماکروویو

調理用はかり
ترازوی آشپزخانه

トースター
تُستر

洗剤
ماده شوینده و پاک کننده

オーブン
فر خوراک پزی

冷凍室
جایخی

ゴミ箱
سطل آشغال

食器洗い機
ماشین ظرفشویی

こんろ

اجاق گاز

鍋

قابلمه

鉄鍋

قابلمه چدنی

中華鍋/ カダイ鍋

ماهی تابه گود

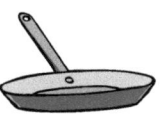

フライパン

ماهی تابه

やかん

کتری

蒸し器

بخارپز

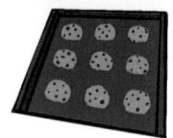

天板

سینی فر

食器

ظرف چینی آشپزخانه

マグカップ

لیوان

ボウル

کاسه

箸

چاپستیک

おたま

ملاقه

へら

کفگیر

泡立て器

همزن

こし器

آبکش

ふるい

آبکش

すりおろし器

رنده

すり鉢

هاون

バーベキュー

باربیکیو

かまど

محل مخصوص افروختن آتش

まな板

تخته گوشت و سبزی

麺棒

وردنه

栓抜き

در بطری بازکن

缶

قوطی

缶切り

در قوطی بازکن

鍋つかみ

دستگیره پارچه ای

流し

سینک ظرفشویی

ブラシ

برس گردگیری

スポンジ

اسفنج

ミキサー

مخلوط کن

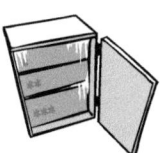

冷凍庫

فریزر

哺乳瓶

شیشه شیر بچه

蛇口

شیر آب

浴室

حمام

ヒーター
بخاری
シャワー
دوش
タオル
حوله
シャワーカーテン
پرده ی حمام
泡風呂
حمام کف
浴槽
وان حمام
グラス
لیوان
洗濯機
ماشین لباسشویی
蛇口
شیر آب
タイル
کاشی
おまる
لگن دستشویی کودکان
流し
سینک ظرفشویی

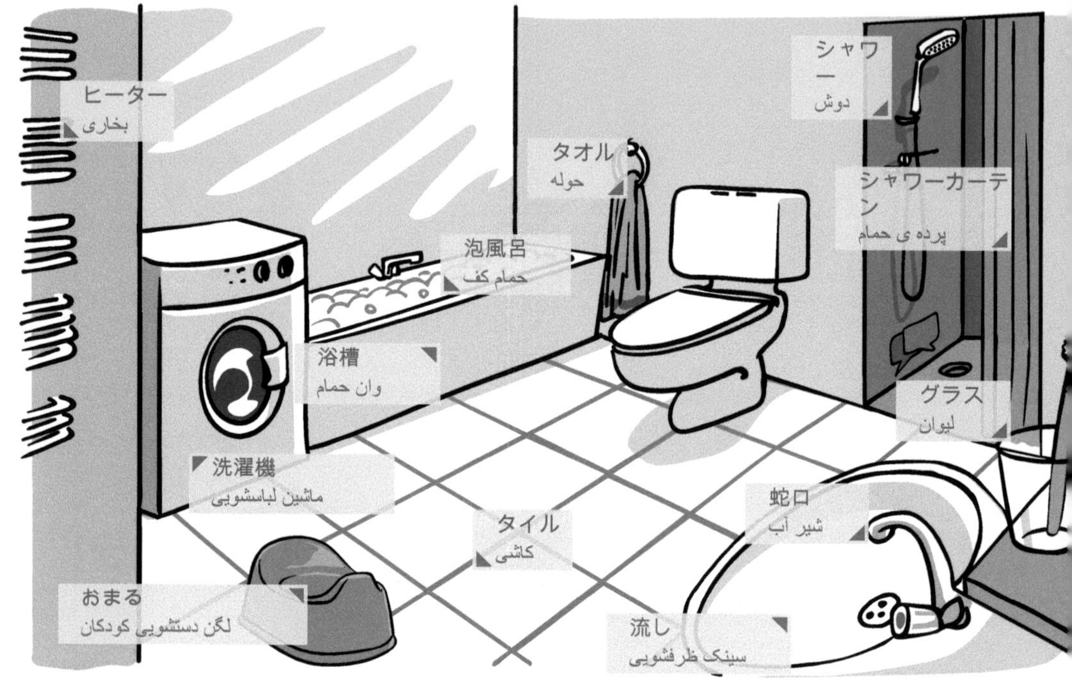

トイレ

توالت

和式トイレ

توالت ایرانی

ビデ

کاسه توالت

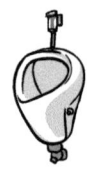

小便器

توالت مخصوص آقایان

トイレットペーパー

دستمال توالت

トイレブラシ

فرچه توالت

歯ブラシ

مسواک

歯みがき

خمیر دندان

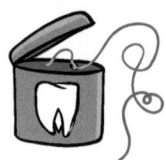

デンタルフロス

نخ دندان

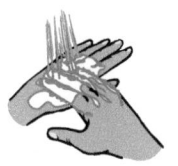

洗う

شستن

シャワーヘッド

دوش آب تلفنی

ハンドビデ

شلنگ توالت

洗面台

لگن روشویی

ボディブラシ

برس شست و شوی پشت

石鹸

صابون

シャワー用ジェル

شامپو بدن

シャンプー

شامپو

浴用タオル

لیف حمام

排水口

راه آب

クリーム

کرم

消臭

اسپری دئودورانت

鏡

آیینه

手鏡

آیینه ی کوچک دستی

かみそり

تیغ ریش تراشی

シェービング・フォーム

کف ریش‌تراشی

アフターシェーブローション

آفترشیو

櫛

شانه ی سر

ブラシ

برس

ドライヤー

سشوار

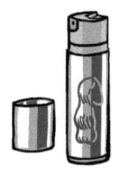

ヘアスプレー

اسپری مو

化粧

آرایش

口紅

رژلب

マニキュア

لاک ناخن

脱脂綿

پنبه

爪切り

قیچی ناخن

香水

عطر

洗面用具入れ

کیف لوازم آرایشی و بهداشتی

スツール

چهارپایه

体重計

ترازو

バスローブ

حوله ی پالتویی

ゴム手袋

دستکش ظرفشویی

タンポン

تامپون

生理用ナプキン

نوار بهداشتی

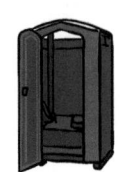

ケミカルトイレ

توالت سیار

子供部屋

اتاق بچه

目覚まし時計
ساعت زنگدار
ぬいぐるみ
نوعی عروسک نرم به شکل حیوانات
おもちゃの自動車
ماشین اسباب بازی
がらがら
جغجغه
ドール・ハウス
خانه ی عروسکی
プレゼント
کادو

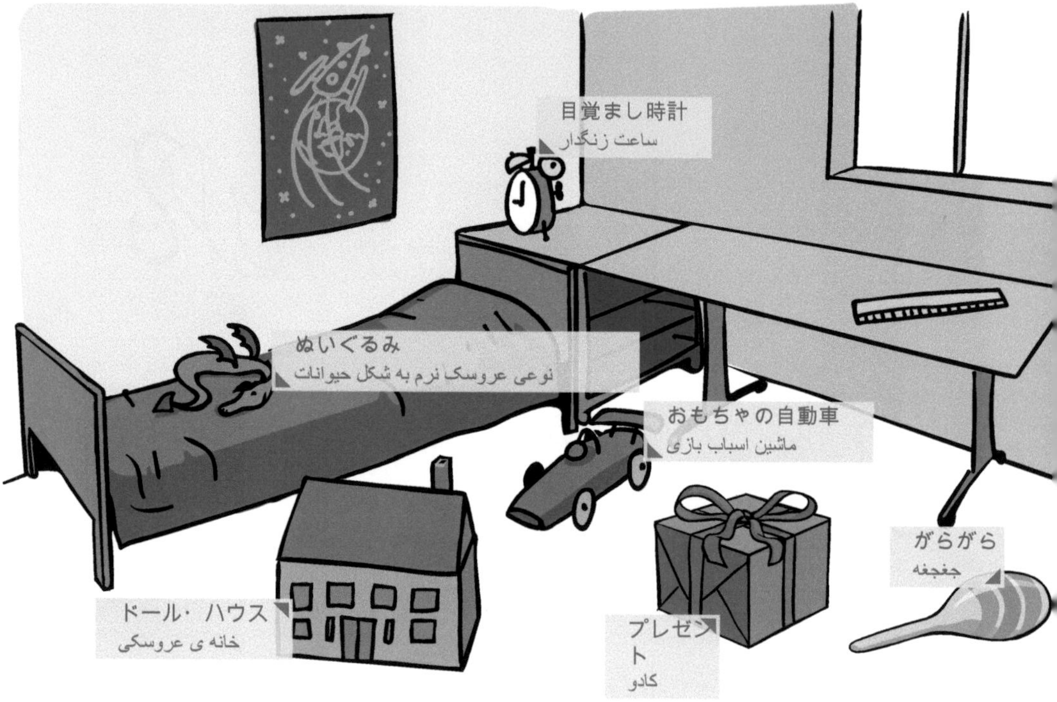

風船

بادکنک

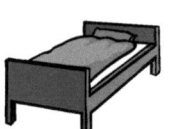

ベッド

تخت خواب

ベビーカー

کالسکه بچه

カードゲーム

بازی ورق

ジグソーパズル

پازل

漫画

داستان مصور

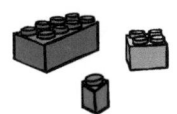

レゴ

اسباب بازی لگو

玩具ブロック

خانه سازی

アクションフィギュア

عروسک شخصیت های فیلم و کارتون

ロンパース

لباس نوزاد

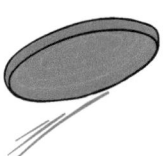

フリスビー

فریزبی

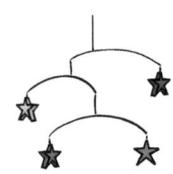

モバイル

نوعی اسباب بازی که روی تخت نوزاد
یا کودک نصب می شود

ボードゲーム

بازی روی صفحه

さいころ

تاس

鉄道模型

قطار اسباب بازی

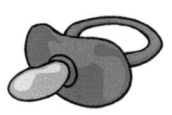

おしゃぶり

پستانک

パーティー

مهمانی

絵本

کتاب مصور

ボール

توپ

人形

عروسک

遊ぶ

بازی کردن

砂場

جعبه شنی مخصوص بازی کودکان

ブランコ

تاب

おもちゃ

اسباب بازی

ゲーム機

کنسول بازی های کامپیوتری

三輪車

سه چرخه

テディベア

خرس عروسکی

衣装ダンス

کمد لباس

衣服

لباس

靴下

جوراب

ストッキング

جوراب زنانه ساق بلند

タイツ

جوراب شلواری

スカーフ
شال

ベルト
کمربند

雨傘
چتر

Tシャツ
تی شرت

スニーカー
کفش ورزشی کتانی

ブーツ
پوتین

スリッパ
دمپایی

サンダル
....
صندل

靴
....
کفش

ゴム長靴
....
چکمه پلاستیکی

パンツ
....
شرت

ブラ
....
سوتین

ベスト
....
جلیقه

ボディースーツ

بادی

ズボン

شلوار

ジーンズ

جین

スカート

دامن

ブラウス

بلوز

シャツ

پیراهن

セーター

پولیور

パーカー

سویی شرتا

ブレザー

نوعی کت

ジャケット

ژاکت

コート

کت بلند

レインコート

بارانی

服装

لباس نمایش

ドレス

لباس

ウェディングドレス

لباس عروس

スーツ

کت و شلوار

ナイトガウン

لباس خواب زنانه

パジャマ

پیژامه

サリー

ساری

ヘッドスカーフ

روسری

ターバン

عمامه

ブルカ

برقع

カフタン

قبا

アバヤ

عبا

水着

لباس شنا

トランクス

شرت شنا

半ズボン

شلوارک

スウェットスーツ

لباس ورزشی

エプロン

پیشبند

手袋

دستکش

衣服 - لباس

ボタン

دکمه

メガネ

عینک

ブレスレット

دستبند

ネックレス

گردنبند

指輪

انگشتر

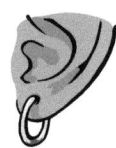

イヤリング

گوشواره

帽子

کلاه لبه دار

ハンガー

چوب لباسی

帽子

کلاه

ネクタイ

کراوات

ファスナー

زیپ

ヘルメット

کلاه ایمنی

サスペンダー

بند شلوار

制服

لباس مدرسه

ユニフォーム

لباس فرم

よだれかけ

پیش بند بچه

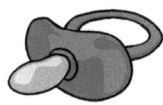

おしゃぶり

پستانک

おむつ

پوشک بچه

オフィス

اداره

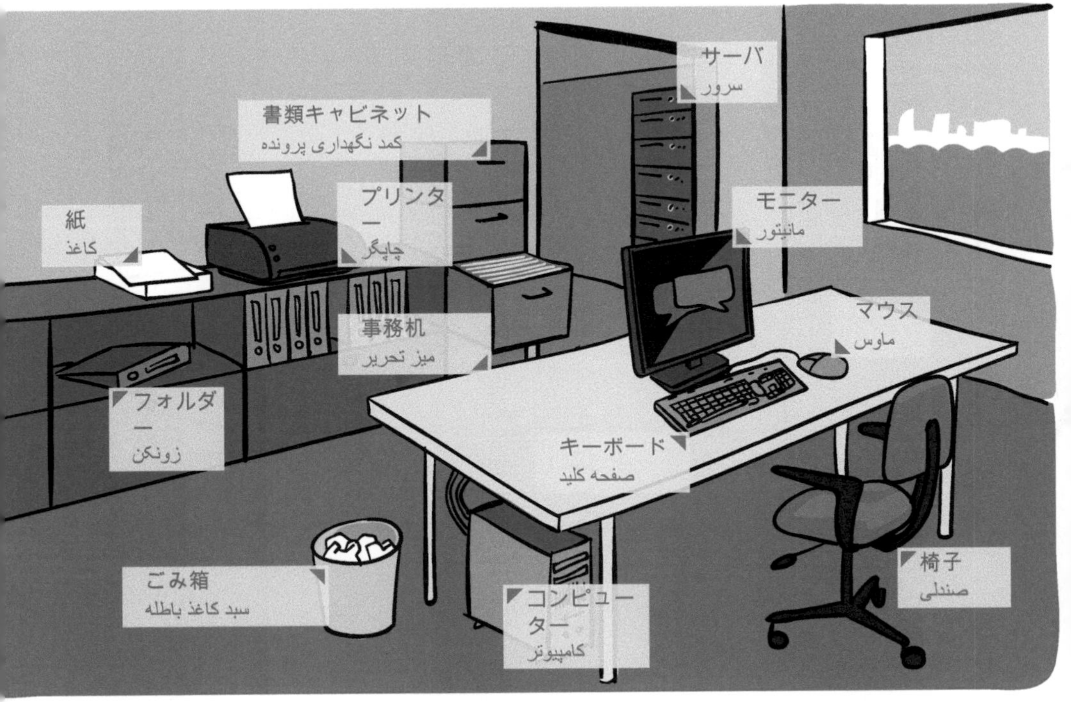

書類キャビネット
کمد نگهداری پرونده

サーバ
سرور

プリンター
چاپگر

モニター
مانیتور

紙
کاغذ

マウス
ماوس

事務机
میز تحریر

フォルダー
زونکن

キーボード
صفحه کلید

ごみ箱
سبد کاغذ باطله

椅子
صندلی

コンピューター
کامپیوتر

コーヒーマグ

لیوان قهوه

計算機

ماشین حساب

インターネット

اینترنت

ラップトップ

....

لپ تاپ

手紙

....

نامه

メッセージ

....

پیغام

携帯電話

....

تلفن همراه

ネットワーク

....

شبکه ی ارتباطی

コピー機

....

دستگاه فتوکپی

ソフトウェア

....

نرم افزار

電話

....

تلفن

コンセント

....

پریز

ファックス

....

دستگاه فاکس

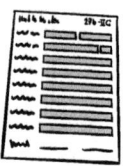

フォーム

....

فرم

書類

....

مدرک

買う
خریدن

支払う
پرداخت کردن

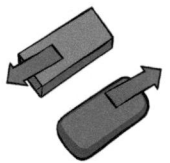

取引する
تجارت کردن

お金
پول

ドル
دلار

ユーロ
یورو

JPY

円
ین

RUB

ルーブル
روبل

CHF

スイスフラン
فرانک سوئیس

CNY

人民元
یوان رنمینبی

INR

ルピー
روپیه

キャッシュポイント
دستگاه خودپرداز

両替所
....
صرافی

金
....
طلا

銀
....
نقره

油
....
نفت

エネルギー
....
انرژی

価格
....
قیمت

契約
....
قرارداد

税金
....
مالیات

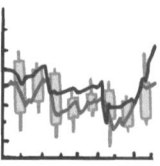

株
....
سهام سرمایه

働く
....
کار کردن

従業員
....
کارمند

雇用主
....
کارفرما

工場
....
کارخانه

ショップ
....
مغازه

警察官
مامور پلیس

消防士
آتش نشان

コック
آشپز

医師
دکتر

パイロット
خلبان

庭師

باغبان

大工

نجار

お針子

خیاط زنانه

裁判官

قاضی

化学者

شیمیدان

俳優

بازیگر

バスの運転手

راننده اتوبوس

タクシー運転手

راننده تاکسی

漁師

ماهیگیر

掃除婦

نظافتچی زن

屋根ふき職人

سقف ساز

ウェイター

پیشخدمت رستوران

ハンター

شکارچی

塗装工

نقاش

パン屋

نانوا

電気工

برقکار

建設作業員

کارگر ساختمانی

エンジニア

مهندس

肉屋

قصاب

配管工

لوله کش

郵便配達人

پستچی

軍人

سرباز

建築家

معمار

レジ係

صندوقدار

花屋

گل فروش

美容師

آرایشگر

車掌

مامور کنترل بلیط در قطار

機械工

مکانیک

キャプテン

ناخدا

歯科医

دندانپزشک

科学者

دانشمند

ラビ

عالم يهودی

イスラム導師

امام

修道士

راهب

牧師

کشیش

道具

ابزارآلات

ハンマー
چکش
くぎ抜き
انبردست
ドライバー
پیچ گوشتی
スパナ
آچار
懐中電灯
چراغ قوه

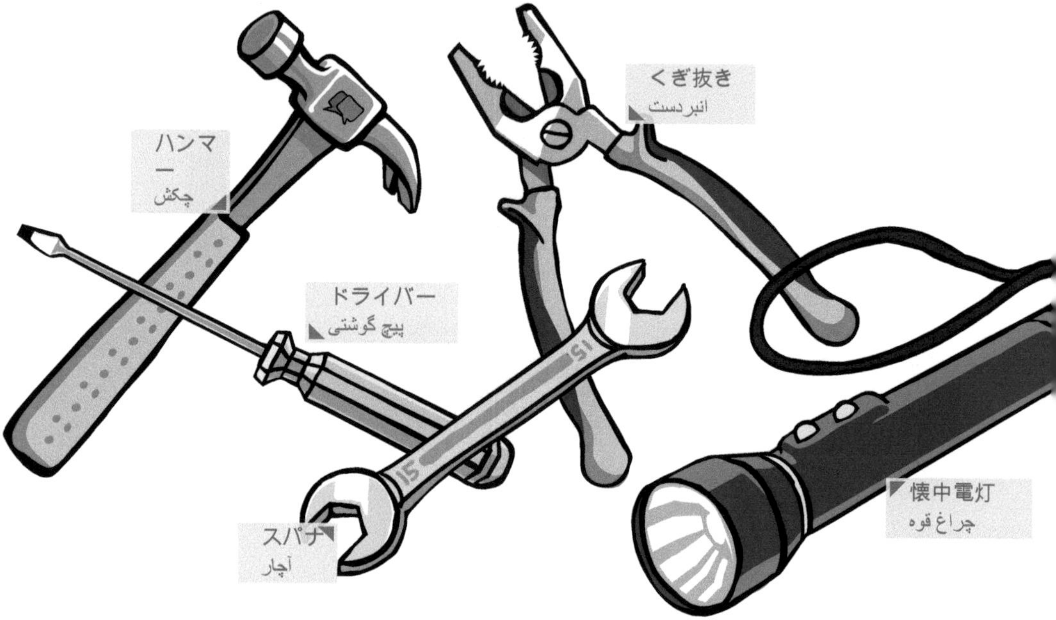

掘削機

بیل مکانیکی

道具箱

جعبه ابزار

はしご

نردبان

のこぎり

ارّه

釘

میخ

ドリル

مته

修理する

تعمیر کردن

シャベル

بیل

クソ！

لعنتی!

ちりとり

خاک انداز

ペンキ缶

سطل رنگرزی

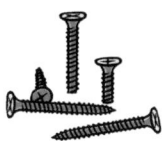

ネジ

پیچ

楽器

آلات موسیقی

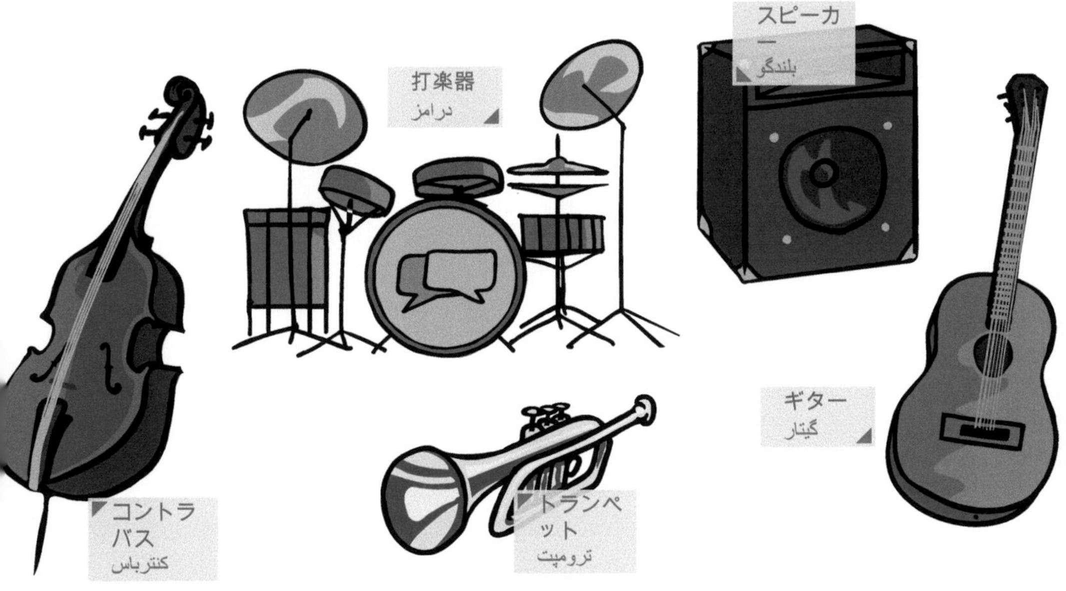

スピーカー
بلندگو
打楽器
درامز
ギター
گیتار
コントラバス
کنترباس
トランペット
ترومپت

ピアノ

پیانو

バイオリン

ویولن

バス

گیتار بیس

ティンパニ

تیمپانی

ドラム

طبل

キーボード

کیبورد الکتریک

サックス

ساکسیفون

フルート

فلوت

マイクロフォン

میکروفون

آلات موسیقی - 楽器

動物園

باغ وحش

入口
ورودی
虎
ببر
おり
قفس
シマウマ
گورخر
飼料
خوراک حیوانات
パンダ
خرس پاندا

動物

حیوانات

象

فیل

カンガルー

کانگورو

サイ

کرگدن

ゴリラ

گوریل

熊

خرس

ラクダ

شتر

ダチョウ

شترمرغ

ライオン

شیر

猿

میمون

フラミンゴ

فلامینگو

オウム

طوطی

白クマ

خرس قطبی

ペンギン

پنگوئن

サメ

کوسه

クジャク

طاووس

蛇

مار

ワニ

تمساح

飼育係

نگهبان باغ وحش

アザラシ

خوک آبی

ジャガー

پلنگ امریکایی

ポニー

اسب کوچک

ヒョウ

پلنگ

カバ

اسب آبی

キリン

زرافه

鷲

عقاب

雄豚

گراز

魚

ماهی

亀

لاک پشت

セイウチ

شیرماهی

狐

روباه

ガゼル

غزال

スポーツ
ورزش ها

アメフト
فوتبال آمریکایی
サイクリング
دوچرخه سواری
تنیس
バスケットボール
بسکتبال
水泳
شنا
ボクシング
بوکس
アイスホッケー
هاکی روی یخ

サッカー

فوتبال

バドミントン

بدمینتون

陸上競技

دوومیدانی

ハンドボール

هندبال

スキー

اسکی

ポロ

پولو

笑う
خندیدن
跳ぶ
پریدن
抱きしめる
بغل کردن
歩く
راه رفتن
歌う
آواز خواندن
夢見る
رؤیا دیدن
祈る
دعا کردن
キス
بوسیدن

書く

نوشتن

描く

رسم کردن

示す

نشان دادن

押す

هل دادن

与える

دادن

取る

برداشتن

持っている

داشتن

する

انجام دادن

ある

بودن

立つ

ایستادن

走る

دویدن

引く

کشیدن

投げる

پرتاب کردن

落ちる

افتادن

横たわっている

دراز کشیدن

待つ

منتظر بودن

運ぶ

حمل کردن

座る

نشستن

着る

لباس پوشیدن

眠る

خوابیدن

目が覚める

بیدار شدن

見る

تماشا کردن

泣く

گریه کردن

なでる

نوازش کردن

櫛ですく

شانه کردن

話す

حرف زدن

理解する

فهمیدن

質問する

پرسیدن

聞く

شنیدن

飲む

آشامیدن

食べる

خوردن

片づける

مرتب کردن

愛する

عاشق بودن

料理する

پختن

運転する

رانندگی کردن

飛ぶ

پرواز کردن

ヨットに乗る

قایقرانی کردن

計算する

محاسبه کردن

読む

خواندن

学ぶ

یاد گرفتن

働く

کار کردن

結婚する

ازدواج کردن

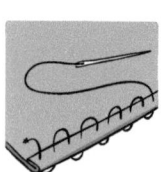

縫う

دوختن

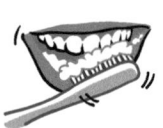

歯を磨く

مسواک زدن

殺す

کشتن

喫煙する

سیگار کشیدن

送る

فرستادن

祖母
مادربزرگ

祖父
پدربزرگ

父
پدر

母
مادر

赤ん坊
کودک

娘
فرزند دختر

息子
فرزند پسر

お客様

مهمان

おば

خاله، عمه

おじ

دایی، عمو

兄弟

برادر

姉妹

خواهر

体

بدن

ひたい
پیشانی
目
چشم
肩
شانه
指
انگشت دست
顔
صورت
あご
چانه
手
دست
脚
ساق پا
胸
سینه
腕
بازو

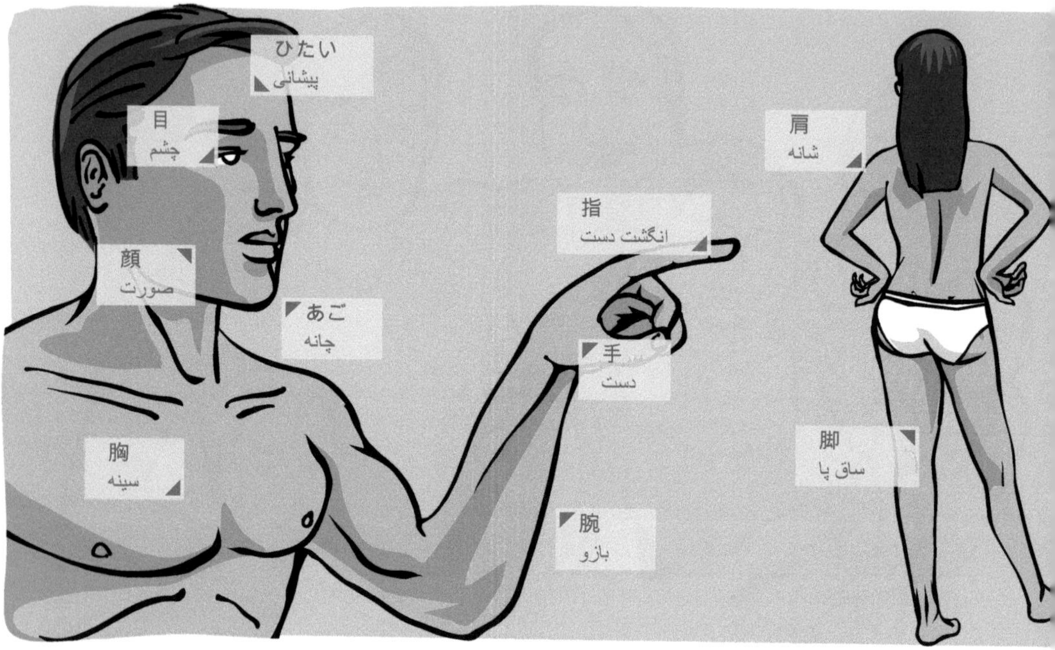

赤ん坊

کودک

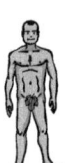

男性

مرد

女性

زن

少女

دختربچه

少年

پسربچه

頭

کله

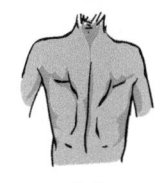

背中
كمر

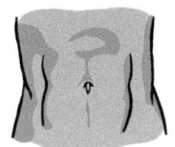

腹
شكم

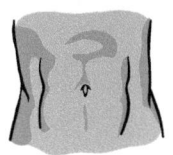

へそ
ناف

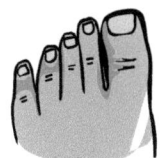

足指
انگشت پا

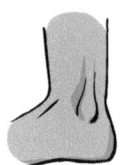

かかと
پاشنه

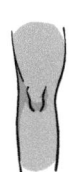

骨
استخوان

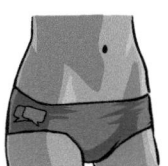

腰
لگن

ひざ
زانو

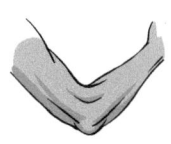

ひじ
آرنج

鼻
بینی

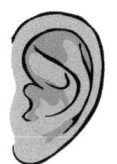

尻
نشیمنگاه

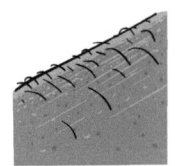

皮膚
پوست

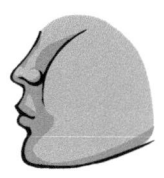

頬
گونه

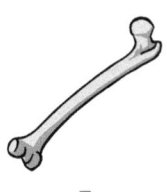

耳
گوش

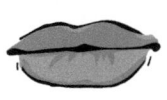

唇
لب

口
دهان

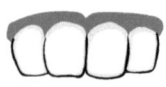

歯
دندان

舌
زبان

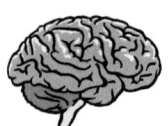

脳
مغز

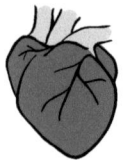

心臓
قلب

筋肉
عضله

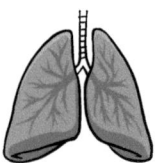

肺
ریه

肝臓
کبد

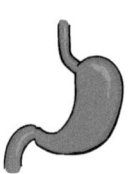

胃
معده

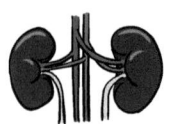

腎臓
کلیه

セックス
آمیزش جنسی

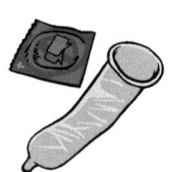

コンドーム
کاندوم

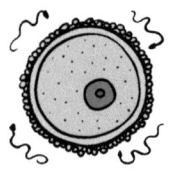

卵細胞
تخمک

精液
اسپرم

妊娠
حاملگی

体 - بدن

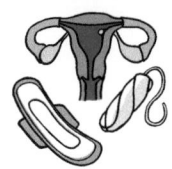

月経
....
پریود

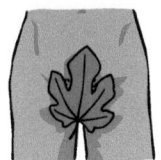

膣
....
واژن

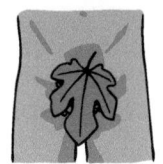

ペニス
....
آلت تناسلی مرد

眉
....
ابرو

髪
....
مو

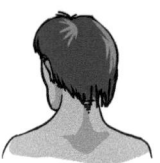

首
....
گردن

病院

بیمارستان

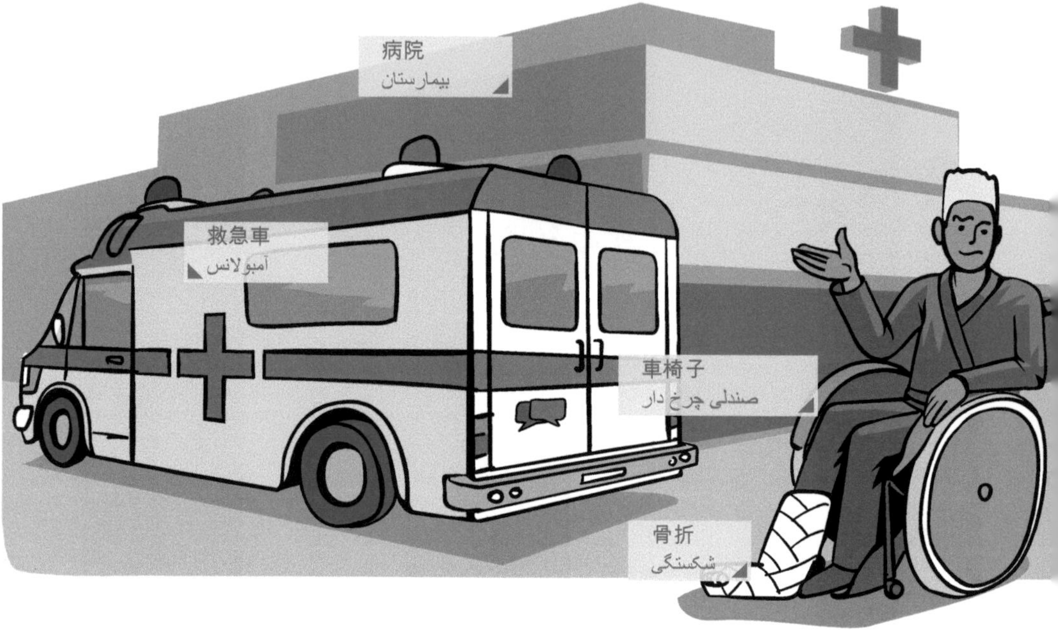

病院
بیمارستان
救急車
آمبولانس
車椅子
صندلی چرخ دار
骨折
شکستگی

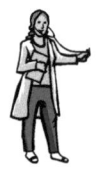

医師

دکتر

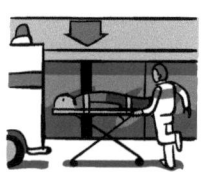

救急治療室

بخش اورژانس

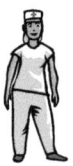

看護師

پرستار

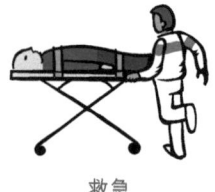

救急

موقعیت اضطراری

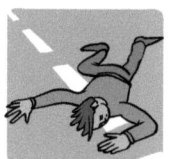

失神

بی هوش

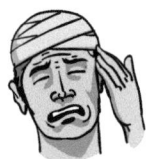

痛み

درد

けが

مصدومیت

出血

خونریزی

心臓発作

سکته قلبی

脳卒中

سکته مغزی

アレルギー

آلرژی

咳

سرفه

熱

تب

インフルエンザ

آنفولانزا

下痢

اسهال

頭痛

سردرد

癌

سرطان

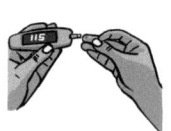

糖尿病

دیابت

外科医

جراح

外科用メス

چاقوی جراحی

手術

عمل جراحی

CT

سی تی اسکن

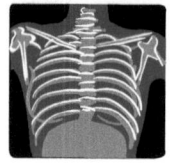

レントゲン

پرتونگاری

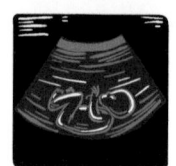

超音波

سونوگرافی

マスク

ماسک صورت

病気

بیماری

待合室

اتاق انتظار

松葉づえ

چوب زیر بغل

ばんそうこう

چسب زخم

包帯

پانسمان

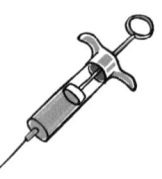

注射

تزریق

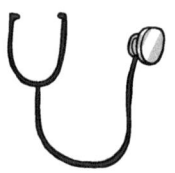

聴診器

گوشی طبی

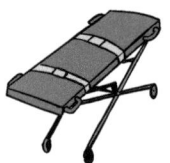

担架

برانکار

体温計

دماسنج

出産

زایش

肥満

اضافه وزن

補聴器

سمعک

消毒剤

ماده ضد غفونی کننده

感染

عفونت

ウイルス

ویروس

HIV / エイズ

اچ آی وی / ایدز

内服薬

دارو

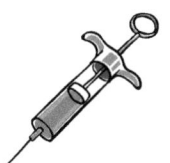

予防接種

واکسیناسیون

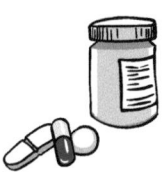

錠剤

قرص

ピル

قرص ضد حاملگی

緊急電話

تماس اظطراری

血圧計

دستگاه اندازه گیری فشارخون

病気の / 健康な

مریض / سالم

救急

موقعیت اضطراری

助けて！

کمک!

アラーム

آژیر خطر

暴行

حمله

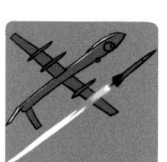

攻撃

حمله ی فیزیکی

危険

خطر

非常口

خروج اظطراری

火事だ！

آتش

消火器

کپسول آتش‌نشانی

事故

تصادف

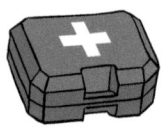

救急箱

جعبه کمک های اولیه

SOS

درخواست کمک

警察

پلیس

地球
کره زمین

ヨーロッパ
اروپا

北米
آمریکای شمالی

南米
آمریکای جنوبی

アフリカ
آفریقا

アジア
آسیا

オーストラリア
استرالیا

大西洋
اقیا نوس اطلس

太平洋
اقیانوس آرام

インド洋
اقیانوس هند

南極海
اقیا نوس اطلس جنوبی

北極海
اقیانوس منجمد شمالی

北極
قطب شمال

南極

قطب جنوب

南極大陸

قاره قطب جنوب

地球

کره زمین

陸

سرزمین

海

دریا

島

جزیره

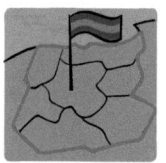

国家

ملت

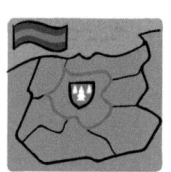

国家

کشور

時計

ساعت

文字盤

صفحه ی ساعت

短針

ساعت شمار

長針

دقیقه شمار

秒針

ثانیه شمار

何時ですか？

ساعت چند است؟

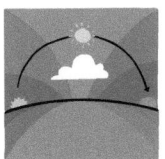

日

روز

時間

زمان

現在

اکنون

デジタル時計

ساعت دیجیتال

分

دقیقه

時間

ساعت

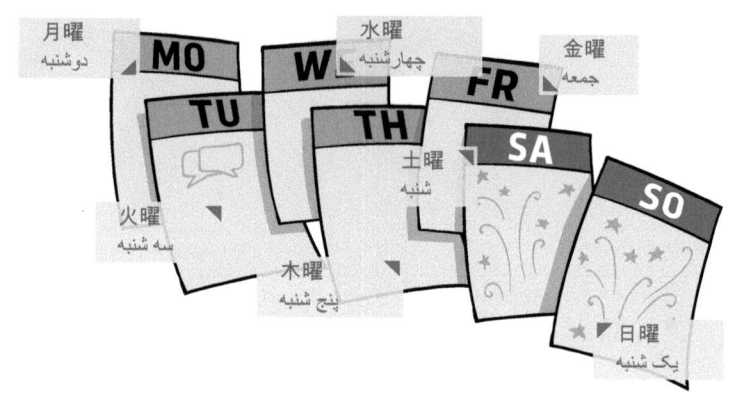

週

هفته

月曜
دوشنبه
MO
水曜
چهارشنبه
W
金曜
جمعه
FR
TU
TH
土曜
شنبه
SA
火曜
سه شنبه
木曜
پنج شنبه
日曜
یک شنبه

1

昨日

دیروز

2

今日

امروز

3

明日

فردا

朝

صبح

昼

ظهر

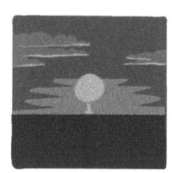

夜

غروب

MO TU WE TH FR SA SU
1 2 3 4 5 6 7
8 9 10 11 12 13 14
15 16 17 18 19 20 21
22 23 24 25 26 27 28
29 30 31 1 2 3 4

営業日

روزهای کاری

MO TU WE TH FR SA SU
1 2 3 4 5 6 7
8 9 10 11 12 13 14
15 16 17 18 19 20 21
22 23 24 25 26 27 28
29 30 31 1 2 3 4

週末

آخر هفته

年

سال

虹
رنگین کمان
雨
باران
風
باد
雪
برف
春
بهار
秋
پاییز
夏
تابستان
冬
زمستان

4.APRIL 11°
5.APRIL 4°
6.APRIL 13°
7.APRIL 8°
8.APRIL 10°

天気予報

پیش‌بینی اوضاع جوی

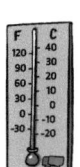

0
10
0
-10

温度計

دماسنج

日差し

تابش آفتاب

雲

ابر

霧

مه

湿度

رطوبت هوا

雷
....
صاعقه

雷
....
آسمان غره

嵐
....
طوفان

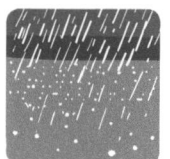

ひょう
....
تگرگ

季節風
....
باد موسمی

洪水
....
سیل

氷
....
یخ

1月
....
ژانویه

2月
....
فوریه

3月
....
مارس

4月
....
آوریل

5月
....
مه

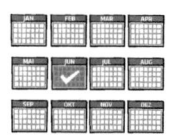

6月
....
ژوئن

7月
....
ژوئیه

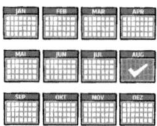

8月
....
آگوست

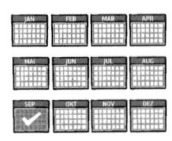

9月

سپتامبر

10月

اُکتبر

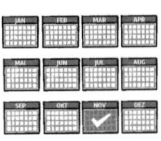

11月

نوامبر

12月

دسامبر

形

آشکال

円

دایره

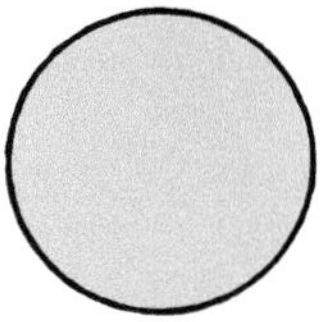

正方形

مربع

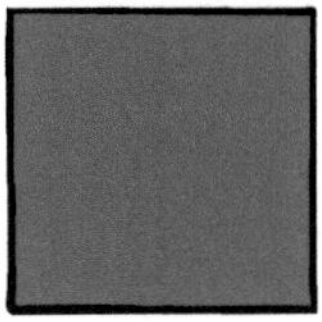

長方形

مستطیل

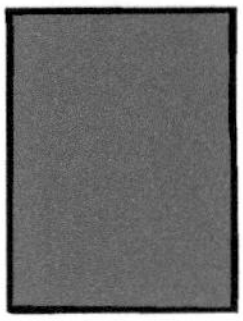

三角

سه گوش

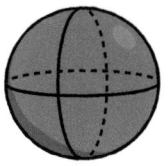

球

کُره

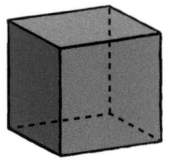

立方体

مکعب مربع

色

رنگ ها

白

سفید

黄

زرد

オレンジ

نارنجی

ピンク

صورتی

赤

قرمز

紫

بنفش

青

آبی

緑

سبز

茶

قهوه ای

灰色

خاکستری

黒

سیاه

反対
متضاد ها

多い / 少ない

خیلی / کم

怒っている /
落ち着いている

خشمگین/ ارام

美しい / 醜い

زیبا / زشت

初め / 終わり

شروع / پایان

大きい / 小さい

بزرگ / کوچک

明るい / 暗い

روشن / تیره

兄弟 / 姉妹

برادر / خواهر

清潔な / 汚い

تمیز / آلوده

完全な / 不完全な

کامل / ناقص

日中 / 夜

روز / شب

死んだ / 生きている

مرده / زنده

幅広い / 狭い

پهن / باریک

食べられる /
食べられない

قابل خوردن / غیر قابل خوردن

悪意のある / 親切な

غضبناک / مهربان

興奮している /
退屈している

هیجان زده / بی حوصله

太った / 痩せた

چاق / لاغر

最初に / 最後に

اولین / آخرین

友人 / 敵

دوست / دشمن

いっぱいの / 空の

پر / خالی

硬い / 柔らかい

سفت / نرم

重い / 軽い

سنگین / سبک

空腹 / 喉の渇き

گرسنگی / تشنگی

病気の / 健康な

مریض / سالم

違法な / 合法な

غیرقانونی / قانونی

賢い / 愚かな

باهوش / خنگ

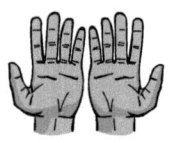

左に / 右に

چپ / راست

近い / 遠い

نزدیک / دور

新しい / 中古の

نو / استفاده شده

何もない / 何かある

هیچ چیز / چیزی

老いた / 若い

پیر / جوان

オン / オフ

روشن / خاموش

開いている /
閉まっている

باز / بسته

静かな / うるさい

آهسته / بلند

裕福な / 貧乏な

ثروتمند / فقیر

正しい / 間違っている

درست / غلط

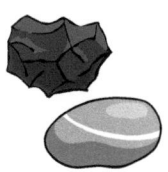

粗い / なめらか

زبر / صاف

悲しい / 幸せな

غمگین / خوشحال

短い / 長い

کوتاه / بلند

ゆっくり / 速い

کند / تند

濡れた / 乾いた

تَر / خشک

温かい / 冷たい

گرم / خنک

戦争 / 平和

جنگ / صلح

数
اعداد

0 ゼロ صفر	**1** 1 یک	**2** 2 دو
3 3 سه	**4** 4 چهار	**5** 5 پنج
6 6 شش	**7** 7 هفت	**8** 8 هشت
9 9 نه	**10** 10 دَه	**11** 11 یازده

12

12
....
دوازده

13

13
....
سیزده

14

14
....
چهارده

15

15
....
پانزده

16

16
....
شانزده

17

17
....
هفده

18

18
....
هجده

19

19
....
نوزده

20

20
....
بیست

100

100
....
صد

1.000

1000
....
هزار

1.000.000

100万
....
میلیون

言語
زبان ها

英語

انگلیسی

アメリカ英語

انگلیسی آمریکایی

中国標準語

چینی ماندارین

ヒンディー語

هندی

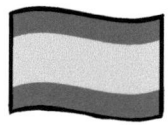

スペイン語

اسپانیایی

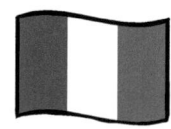

フランス語

فرانسوی

アラビア語

عربی

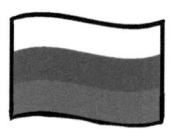

ロシア語

روسی

ポルトガル語

پرتغالی

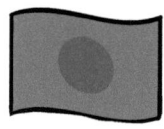

ベンガル語

بنگالی

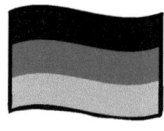

ドイツ語

آلمانی

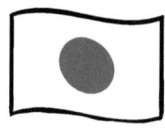

日本語

ژاپنی

誰 / 何 / どう
چه کسی / چه چیزی / چگونه

私

من

あなた

تو

彼 / 彼女 / それ

او

私たち

ما

あなたたち

شما

彼ら

آنها

誰？

چه کسی؟ کی؟

何？

چی؟

どうやって？

چگونه؟

どこ？

کجا؟

いつ？

کِی؟

名前

نام

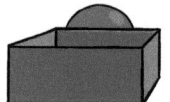

どこ

کجا

後ろ

پشت

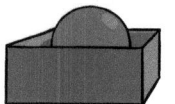

中

توی

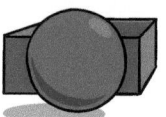

前

جلو

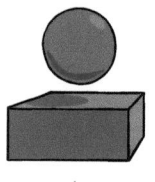

上

بالای

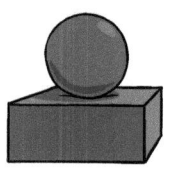

上

روی

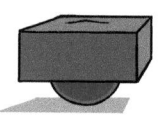

下

زیر

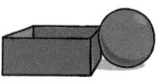

横

مجاور

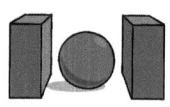

間

بین

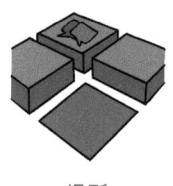

場所

مکان